TEMPELHOF
GESTERN HEUTE MORGEN

Antonia Meiners

TEMPELHOF

GESTERN HEUTE MORGEN

nicolai

Inhalt

Einleitung

»Tempelhof ist ein Denkmal für Freiheit und Unabhängigkeit.« Mit diesem Satz traf Gail Halverson 2008, dem Jahr der Schließung des Flughafens, wohl genau die Empfindung vieler Berliner. Halverson war einer der US-amerikanischen Piloten, die sechzig Jahre zuvor entscheidend zur Errichtung der Luftbrücke beigetragen hatten und mit ihrem selbstlosen Einsatz Westberlin am Leben erhielten. Fast ein Jahr lang, von Juni 1948 bis Mai 1949, starteten und landeten die Männer der US Air Force mehrmals täglich mit ihren Maschinen und versorgten so die Stadt mit dem Allernotwendigsten – bis die Sowjets ihre Blockade schließlich aufgaben. So blieb Westberlin dem westlichen Bündnissystem erhalten, der Flughafen Tempelhof wurde weltweit zu einem Symbol der Freiheit und des Widerstands, auch in den folgenden Jahrzehnten. Umgeben vom Territorium der DDR, und damit des Ostblocks, war Tempelhof lange Zeit mehr als ein Flughafen: Für die Westberliner war es das Tor zur Welt.

An keinem anderen Ort verdichtete sich die Atmosphäre der Stadt in den Jahren des Kalten Krieges so stark wie auf dem Flughafen Tempelhof. Der Strom von DDR-Flüchtlingen in den Fünfzigerjahren, der Mauerbau 1961, das Transitabkommen 1972, der Mauerfall 1989 – in Tempelhof war dies unmittelbar zu spüren. Und deshalb ist kaum verwunderlich, dass die Wellen der Enttäuschung und Empörung vor allem unter den älteren Westberlinern hochschlugen, als vom endgültigen Aus die Rede war. Ihnen ging es weniger um den Erhalt eines »VIP-Flughafens«, wie es auf den Plakaten von Befürwortern der Schließung zu lesen war. Der Flughafen Tempelhof war Teil ihrer eigenen Geschichte, und die wollten sie sich nicht nehmen lassen. Hinzu kam nicht zuletzt auch ein lokalpatriotischer Stolz auf die Vergangenheit Tempelhofs, der einst als erster Verkehrsflughafen der Welt gegründet worden war.

Die Eröffnung des »Flughafens Tempelhofer Feld« im Jahr 1923 geht zurück auf Leonhard Adler, einen Stadtbaurat und Visionär, der schon früh an die Zukunft des Flugzeugs als Verkehrsmittel glaubte. Seinem Engagement ist es zu verdanken, dass Berlin-Tempelhof die Rolle eines Protagonisten in der Luftfahrt zukam.

Tempelhof, dessen Name in einem von Tempelrittern um 1200 errichteten Komturhof seinen Ursprung hat, gehörte erst seit der Bildung Groß-Berlins im Oktober 1920 zur Hauptstadt. Das Tempelhofer Feld jedoch war schon in den Jahrhunderten zuvor Exerzier- und Paradefeld der Berliner Garnison. Bis zum Ersten Weltkrieg fanden hier die großen Paraden statt, so 1871 die große Siegesparade am Ende des Deutsch-Französischen Krieges oder 1882 die »Dreikaiserparade« anlässlich des Treffens von Wilhelm I., Alexander II. von Russland und Franz Joseph aus Österreich. Die Berliner liebten den militärischen Pomp, zu Tausenden zogen sie anlässlich solcher Ereignisse damals vor das Hallesche Tor.

In der Umgebung des Tempelhofer Feldes, vor allem Richtung Norden und Westen, entstanden im Laufe des 19. Jahrhunderts zahlreiche Kasernen und militärische Einrichtungen. 1861 wurde hier auch der Garnisonfriedhof angelegt, und von 1870 bis 1872 war das Tempelhofer Feld Ort für ein großes Barackenlazarett für die Verwundeten des Deutsch-Französischen Krieges. Dem 1883 gegründeten »Ballon-Detachement« der Berliner Garnison erschien die weite Fläche des Tempelhofer Feldes als überaus geeignetes Übungsfeld, und so bezogen die Luftschiffer im Westen des Geländes hier ihr

Quartier. Was damals noch niemand ahnte – für Tempelhof wurden damit gleichsam die Weichen für eine Zukunft in der Luftfahrt gestellt.

Der uralte Menschheitstraum vom Fliegen war Ende des 19. Jahrhundert in erreichbare Nähe gerückt. Neueste technische Erfindungen gepaart mit der Leidenschaft für das Fliegen ließen das bis dahin scheinbar Unmögliche Wirklichkeit werden. Ballonfahrer arbeiteten an der Entwicklung des Luftschiffes und Erfinder wie Otto Lilienthal an der eines Flugapparates. Auch der damals schon berühmte Maler Arnold Böcklin war der Obsession der Fliegerei verfallen. Nach einigen fehlgeschlagenen Versuchen nahm er 1883 mit den Berliner Luftschiffern Kontakt auf und fand in ihnen geeignete Unterstützer für sein Projekt. Das von ihm aus Holzleisten und Leinwand zusammengebaute Fluggestell in Gestalt eines Vogels sollte sich noch im selben Jahr in Tempelhof vor geladenem Publikum in die Lüfte erheben, doch eine Windböe machte dem Versuch ein vorzeitiges Ende – der Vogel zerbrach. Arnold Böcklin starb 1901, erlebte also nicht mehr den Beginn einer höchst erfolgreichen Pionierzeit der Fliegerei, die sich nun trotz einzelner Rückschläge nicht mehr aufhalten ließ. Nachdem 1903 in Amerika den Brüdern Wright der erste Motorflug gelungen war, gab es immer mehr Abenteurer und Technikbegeisterte, die sich mit ihren oft noch sehr fragil erscheinenden Fluggeräten in den Himmel erhoben. Viele von ihnen waren in Tempelhof zu Gast, wo die Berliner ihren Vorführungen mindestens ebenso enthusiastisch zujubelten wie den Militärparaden.

Eine Zäsur setzte der Erste Weltkrieg. Internationale Flugveranstaltungen unterblieben erst einmal, einst begeistert empfangene Piloten aus Amerika, England oder Frankreich galten nun als Feinde. Erst in den Zwanzigerjahren öffnete sich Tempelhof wieder der Welt.

Zu dieser Zeit machte die Entwicklung des Flugverkehrs Riesenfortschritte. Aus dem »Flughafen Tempelhofer Feld« wurde ein Jahrzehnt später der »Zentralflughafen Berlin-Tempelhof« der 1926 gegründeten Lufthansa. Mit fünf Hallen, einem modernen Empfangsgebäude und seinem umfangreichen Liniennetz gehörte er zu den bedeutendsten internationalen Flughäfen: Tempelhof – das Luftkreuz Europas. Doch schon Anfang der Dreißigerjahre genügten die einst großzügig geplanten Gebäude den Anforderungen nicht mehr. Die Flugzeuge wurden größer und schneller, die Fluggastzahlen überstiegen längst die optimistischsten Schätzungen. Erweiterungspläne wurden erstellt, mussten jedoch infolge der Wirtschaftskrise zunächst wieder auf Eis gelegt werden.

Wenige Jahre später erteilte Hitler den Befehl für einen Neubau des Flughafens. Die von Ernst Sagebiel entworfene Anlage sah Hitler als Teil der von ihm geplanten Umgestaltung der Stadt Berlin, die er seinem Lieblingsarchitekten Albert Speer übertrug. Die Gigantomanie dieser Planungen – so sollte zum Beispiel im Zentrum der Reichshauptstadt eine Volkshalle 320 Meter in die Höhe ragen – spiegelt sich auch in dem Entwurf des an der vorgesehenen Nord-Süd-Achse gelegenen Flughafens. Sagebiel erfüllte die Erwartungen Hitlers an eine Machtarchitektur der Nationalsozialisten. Auch für die Forderung nach einem Luftstadion für die jährliche Präsentation der Streitkräfte fand Sagebiel eine geeignete Lösung. Die in einem durchgehenden Kreisbogen angeordneten Hallen hätten zu einer überdachten Zuschauertribüne für 80 000

Besucher umfunktioniert werden können. Mit dem insgesamt 1200 Meter langen Gebäude, das alle Funktionsbereiche vereinte, war dem Architekten eine beispielgebende Verbindung von Funktion und Ästhetik gelungen, die auch über das »Dritte Reich« hinaus Bestand hatte. Der Londoner Architekt Norman Foster nannte Tempelhof später »die Mutter aller Flughäfen«. Fertig geworden ist Sagebiels Anlage allerdings erst siebzehn Jahre nach dem Ende des Zweiten Weltkriegs, als Hitlers imperiale Idee der Welthauptstadt Germania längst in Schutt und Asche versunken war.

Mit dem Berlin der Zwanziger- und Dreißigerjahre hatte die Stadt 1962, als die Abfertigungshalle des monumentalen Flughafengebäudes in Betrieb genommen wurde, nicht mehr viel gemeinsam. Berlin war eine verwundete Stadt: zweigeteilt durch eine menschenfeindliche Mauer und noch immer gezeichnet von den Zerstörungen des Krieges. Der Zentralflughafen Tempelhof als das Tor zur freien Welt erhielt für die Westberliner eine enorme Bedeutung. Die jährlichen Passagierzahlen nahmen Jahr für Jahr zu und überschritten bald die Millionengrenze, die Tempelhof nicht mehr bewältigen konnte. Im Jahr 1975 eröffnete der Flughafen Tegel seine Flugsteige. Dort gab es damit nun einen neuen, moderneren Großflughafen, der Tempelhof zum ersten Mal überflüssig machte. Als schließlich auch Tegel an seine Kapazitätsgrenzen stieß, starteten in den Achtzigerjahren wieder Passagiermaschinen in Tempelhof, und nach der Öffnung der Mauer sah es auch zunächst so aus, als ob es hier wieder eine Zukunft für einen Zivilflughafen geben könnte. Diese Perspektive zerschlug sich jedoch mit der Entscheidung für den Bau des Flughafens Berlin Brandenburg International in Schönefeld. Immer mehr Fluggesellschaften wanderten dorthin ab, bis schließlich am 30. Oktober 2008 auf dem Flughafen Berlin-Tempelhof endgültig die Lichter ausgingen. Daran änderten auch die nostalgisch besetzten Proteste nichts. Den Argumenten für eine Schließung – Unrentabilität, Umweltbelastung und das Sicherheitsrisiko inmitten der Wohnbauten – konnte nicht allzu viel entgegengesetzt werden. Interessant ist in diesem Zusammenhang, dass Albert Speer schon 1936 geplant hatte, den Flughafen Tempelhof spätestens nach zehn Jahren zu schließen, da er zu nah am Zentrum der Stadt gelegen war. Stattdessen hatte Speer neue Flughäfen jeweils an den Enden der Ost-West- und der Nord-Süd-Achse außerhalb des Autobahnringes vorgesehen. Für Tempelhof war eine ganz andere Lösung geplant: Ein großer Vergnügungspark nach dem Vorbild des Kopenhagener »Tivoli« sollte hier entstehen.

Über die Zukunft Tempelhofs gab es nach der Schließung 2008 recht unterschiedliche Vorstellungen. Sie reichten von der Anlage eines riesigen Sees auf dem Freigelände bis zur Wohnbebauung. Erste Ideen einer solchen Umgestaltung lagen schon 1976 vor. Studenten der Technischen Universität entwickelten Pläne eines »Zentralparks« mit viel Grün und einem Gewässer von der Größe des Plötzensees. Dies alles blieb allerdings Vision, denn bis 1993 war der Flughafen Tempelhof noch Stützpunkt der US Air Force. 2008 aber waren die Bedingungen schon günstiger. Flugbetrieb gab es keinen mehr – weder militärischen noch zivilen. Bald schon stand fest, dass das Gelände als Freizeitpark für die Berliner erhalten werden sollte. Dieses Nutzungskonzept war eigentlich nicht neu. Schon im 19. Jahrhundert zogen die Berliner aus der immer enger werdenden Stadt mit ihren dunklen Hinterhöfen und Mietskasernen an den Sonntagen hinaus ins Freie. Den Tempelhofer Berg hinauf ging es bis aufs offene Feld, wo sie sich mit Kind und Kegel vergnügten. Auf dem Tempelhofer Feld trafen sich Familien zum Picknick, gründeten sich erste Berliner Fußballervereine, badeten im Sommer die Kinder im weiter östlich auf der Neuköllner Seite gelegenen »Franzosenpfuhl«.

Der Kreis scheint sich nun zu Beginn des 21. Jahrhunderts wieder zu schließen. Die Berliner haben wieder Besitz ergriffen vom Tempelhofer Feld. Am 8. Mai 2010 war es so weit. Die Tore wurden von Sonnenaufgang bis Sonnenuntergang für jedermann geöffnet. Seither strömt Berlin auf das ehemalige Flughafengelände, sommers wie winters. Nirgendwo sonst in der Stadt gibt es so viel Platz, geht der Blick so weit – ein Eldorado für Freizeitsportler und Hobbyisten. Bunte Drachen schweben am Himmel, ferngesteuerte Fluggeräte surren durch die Luft, auf den Rollbahnen begegnet man Skatern, Radlern oder Windsurfern. Und auf den Wiesen lagern sie wieder: jung oder alt, allein oder zu zweit, Familien mit großen Picknickkörben. Frauen mit Kopftüchern, Sari oder Sarong neben denen im Bikini oder in Shorts. Freiheit für alle – so könnte man es nennen; und so erscheint auch der neue Name des Flughafens durchaus passend: »Tempelhofer Freiheit«. Es ist ein Name, der zugleich Programm für künftige Zeiten ist, wie die im April 2011 vorgestellten Pläne für die Parklandschaft der Tempelhofer Freiheit zeigen. Die Großzügigkeit und Weite des Feldes wird danach erhalten bleiben.

Für die Planungen der Tempelhofer Freiheit sind die Senatsverwaltung für Stadtentwicklung, die Tempelhof Projekt GmbH und Grün Berlin GmbH verantwortlich. Die Grün Berlin GmbH, deren Mitarbeiter sich um die Parklandschaft kümmern, und die Tempelhof Projekt GmbH haben inzwischen Räume in dem unter Denkmalschutz stehenden Flughafengebäude bezogen. Um dessen Zukunft wird noch gerungen, denn die Vermietung an Modemessen wie die »Bread & Butter« ist sicher eine attraktive, aber nur unvollständige Lösung. Tempelhof – ein Feld der Ideen: Das ist die Vision von Tempelhof Projekt. Wie in den Zwanzigerjahren, als Tempelhof die Führung in der Luftfahrt übernommen hatte, soll es auch im 21. Jahrhundert ein Ort der Zukunftstechnologien werden. Vielversprechende Anfänge sind gemacht. So dient zum Beispiel die Rollbahn als Teststrecke für elektrobetriebene Fahrzeuge, und ein Berliner Solarzellenproduzent plant den Umzug nach Tempelhof. Im Gebäude am Columbiadamm hat seit März 2011 das Internationale Designzentrum seinen Standort. Große Hoffnungen verbinden sich mit Messen wie der »Challenge Bibendum«, die im Mai 2011 stattfand. Die von Michelin organisierte Veranstaltung ist eine internationale Plattform für zukunftsweisende Technologien auf dem Gebiet des Verkehrs, für alternative Antriebe, intelligente Verkehrskonzepte und Lösungen für mehr Verkehrssicherheit.

Wege aufzuzeigen für die Entwicklung umweltschonender Industrien, ein Ort zu sein für kreative Wissenschaftler und Techniker, die sich engagieren für neue, saubere Technologien – das ist die Vorstellung für Tempelhof. Und damit erinnern die Verantwortlichen nicht zuletzt an die Tradition der Flugpioniere, die mit ihren Veränderungen einst die Basis schufen für etwas ganz Neues.

BERLIN-TEMPELHOF –
Vom Exerzierplatz zur »Tempelhofer Freiheit«

1883–1922

Vom Exerzierplatz zum Testfeld für »fliegende Kisten«

Bei der Luftschifferabteilung. »Bei ruhigem Wetter kann der Ballon bis zu 600 Mtr. aufsteigen, und es lassen sich von dort aus vortreffliche Beobachtungen anstellen. Man kann mit guten Gläsern aus dieser Höhe auf die Entfernung von 15 Kilomtr. bei anrückenden Truppen noch die Uniformen unterscheiden. Aus dem Fesselballon kommen die Nachrichten durch das Telephon herunter, dessen Drähte in den Haltetauen verborgen sind. Kartenskizzen oder schriftliche Mitteilungen werden in Blechbüchsen ebenfalls an en Haltetauen heruntergelassen. ... Steigt der Ballon nur in die Höhe von 100 bis 200 Mtr. – und bei bewegter Luft wird ein höheres Steigen kaum möglich –, wird der Ballon von Mannschaften an vier Haltetauen festgehalten. Mittels dieser vier Mannschaften kann der Ballon im Terrain hin- und herbewegt werden, indem die Mannschaften, die die vier Taue festhalten, sich mit diesem in Marsch bewegen.«

Illustrirte Zeitung, 28. April 1894

Links: Vorbereitung eines Probeflugs durch die Mitglieder des Luftschifferbataillons. Bereits im Jahr 1883 wurde die Luftschifferabteilung der Berliner Garnison gegründet, deren Aufgabe es war, Gasballons in Hinblick auf ihre militärische Nutzung zu erproben. Die Soldaten bezogen Quartier unweit des Bahnhofs Papestraße, in den für sie und das Eisenbahner-Regiment am Westrand des Tempelhofer Feldes errichteten Kasernen. Bis 1900 übten die Luftschiffer hier in Tempelhof mit ihren Ballons, zogen dann jedoch in die Jungfernheide.

Gardeluftschiffer erkunden die Windrichtung auf dem Tempelhofer Feld.

Spaten-Cognac
HUNYADI JANOS

Ein Augenzeugenbericht. »Um 6 Uhr 50 Minuten wurde das lenkbare Luftschiff des Dr. Wölfert durch Mannschaften der Luftschifferabtheilung auf das Tempelhofer Feld geführt. Das Luftschiff war bereits mit Wasserstoffgas gefüllt. Außer den Mannschaften der Luftschifferabtheilung waren viele Offiziere zugegen. Eine größere Anzahl von Schülern höherer Lehranstalten, die des Sonnabends auf dem Tempelhofer Feld den Bewegungsspielen obliegen, umstanden ebenfalls den Ballon. Das Luftschiff hat die bekannte spitze Zigarrenform. Am hinteren Ende der Gondel befindet sich ein Steuerapparat und am vorderen Ende eine Schraube, um diese Schraube zu bewegen, war in der Gondel ein kleiner Motor angebracht. In der Gondel war Dr. Wölfert, der diesen Motor bediente, und sein Gehilfe. Während das Schiff noch von den Mannschaften festgehalten wurde, fuhr bereits aus dem Motor eine lange Stichflamme, so daß von den Offizieren Befürchtungen von einer Explosionsgefahr laut wurden. Das Schiff wurde bald darauf losgelassen, doch stieg es nicht sogleich hoch, sondern schleppte sich zunächst über dem Erdboden dahin. Als das bemerkt wurde, ließen die Offiziere den Ballon nochmals festhalten. Wenige Minuten später stieg er dann scheinbar ordnungsgemäß in die Höhe. Nachdem das Schiff einige Minuten in der Luft herumgefahren war, ertönte ein Knall. Der Motor hatte abermals eine Stichflamme abgegeben, die diesmal den Inhalt des Ballons entzündete. Die riesige brennende Feuerkugel fiel schräg zur Erde und zwar auf einen Zimmerplatz in der Ringbahnstraße in Tempelhof.«

Vossische Zeitung, 13. Juni 1897

Abgetrieben. Größere Hoffnung setzte das Militär auf die Luftschiffkonstruktion aus Aluminium des Österreichers David Schwarz. Errichtet wurde das Schiff in einer Halle des Luftschifferbataillons und startete – nicht einmal ein halbes Jahr nach dem tödlichen Unfall Wölferts – am 3. November 1897 zu seiner Jungfernfahrt. Zu dem Ereignis erschien der Kriegsminister in Begleitung des Kaisers, was Schwarz jedoch kein Glück brachte. Nachdem er aufgestiegen war, rutschte ein Antriebsriemen von der Riemenscheibe und das Luftschiff trieb steuerungslos bis Wilmersdorf ab, wo es unsanft zu Boden ging. Schwarz kam glimpflich davon, sein Schiff aber war nicht mehr zu gebrauchen, erst recht nicht nach der Plünderung durch Berliner Souvenirjäger in der folgenden Nacht.

In der Hoffnung, sein Patent an das Militär verkaufen zu können, präsentierte Hermann Wölfert am 12. Juni 1897 auf dem Tempelhofer Feld sein Luftschiff, mit dem er und sein Mechaniker Knabe gleich darauf starteten.

Bereits ein Jahr zuvor hatte Wölfert seine Konstruktion im Rahmen der Berliner Gewerbeausstellung zeigen können. Das erste Luftschiff Deutschlands war 28 Meter lang, etwa achteinhalb Meter dick und konnte 875 Kubikmeter Wasserstoff aufnehmen. Die Vorführung in Tempelhof verlief für den mutigen Techniker jedoch weniger erfolgreich: Der Ballon explodierte, Wölfert und sein Begleiter kamen ums Leben.

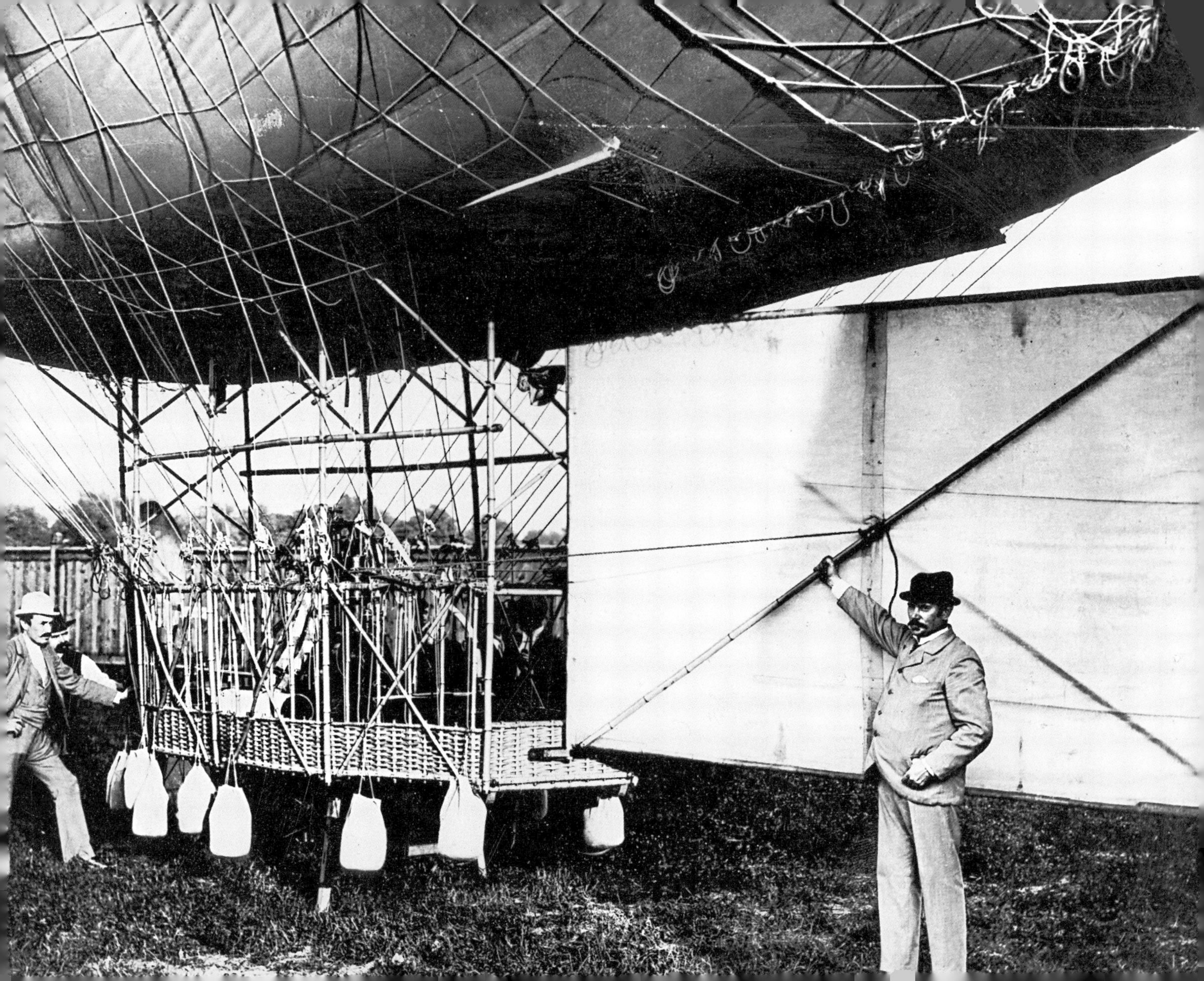

Wiege des Berliner Fußballs. »In der übungsfreien Zeit (des Militärs), vor allem an den Sonntagen, war das Tempelhofer Feld die größte Liegewiese Berlins und zugleich bevorzugter Tummelplatz der Fußballspieler. So bekannte Vereine wie der BFC Preußen, der BSV 92 (einst Britannia), Victoria 89 und andere sind im spärlichen Schatten der wetterzerzausten ›Paradepappel‹ groß geworden. Da es damals weder Vereinsplätze noch Klubhäuser gab, zog man sich in den Lokalen den Vereinsdress an und marschierte von hier aus mit den Torlatten und Linienpfählen auf das Feld, um inmitten der auf dem Rasen lagernden Volksmenge die noch wenig beachteten Spiele durchzuführen.«

Erinnerungen von Kurt Pomplun.
Tagesspiegel, 5. Mai 1969

Die Pioniere des Berliner Fußballsports hat auch Baluschek auf seinem Gemälde festgehalten.

Links: Schon vor hundert Jahren ließ man auf dem Tempelhofer Feld die Drachen steigen. Statt Zylinder tragen die Väter heute Baseballkappe.

Für die Bewohner von Rixdorf, wie Neukölln damals noch hieß, Kreuzberg und Schöneberg war das Tempelhofer Feld am Wochenende ein beliebter Ausflugsort. Im Jahr 1907 malte der Berliner Künstler Hans Baluschek (1870–1935) das groß angelegte Bild »Sonntag auf dem Tempelhofer Feld«; das Gemälde verschwand im Zweiten Weltkrieg auf ungeklärte Weise aus dem Tempelhofer Rathaus.

Rekordjäger Wright. »Der große Tag, an dem zum ersten Mal in der Reichshauptstadt vor der Öffentlichkeit ein Aeroplan in lang dauerndem Fluge vorgeführt wurde, ist vorüber. Orville Wright hat gestern vor einer nach vielen Tausenden zählenden Menge mit seinem Drachenflieger einen länger als neunzehn Minuten dauernden Flug ausgeführt, der durchaus glücklich verlief und mit einer glatten und eleganten Landung seinen Abschluss fand.«

Berliner Lokalanzeiger, 5. September 1909

»Wright hat heute wieder einen neuen Weltrekord aufgestellt, und zwar einen Weltrekord mit zwei Personen. Bei dem heute vorgenommenen Fliegen war das Ergebnis 1 Stunde 35 Minuten 47 ½ Sekunden. Der bisherige Rekord mit zwei Personen betrug 1 Stunde 30 Minuten.«

Vossische Zeitung, 18. September 1909

Turbulenzen über Tempelhof. »Das Tempelhofer Feld stellt an die Maschinen ganz erhebliche Anforderungen, was Wright erst gestern wieder hervorgehoben hat. Erstens fällt das Feld von der Mitte nach allen Seiten ab, zweitens ist es auf zwei Seiten von Häuserwänden eingefasst, die Luftstauungen begünstigen, und drittens bewirkt die Nähe des Häusermeeres ganz erhebliche Temperaturschwankungen, die den Grund für mancherlei Wirbelerscheinungen in den Luftschichten über dem Tempelhofer Feld bilden.«

Vossische Zeitung, 19. September 1909

Links: Plakate und Anzeigen kündeten von den bevorstehenden, sensationellen Flügen Orville Wrights auf dem Tempelhofer Feld.

Orville Wright in seinem Doppeldecker »Flyer 1«. Dieser verfügte über einen 12-PS-Motor und startete auf einer Katapult-Rampe, weshalb er kein Fahrwerk mit Rädern, sondern Kufen besaß.

Im Jahr 1903 war den Brüdern Orville und Wilbur Wright bei Kitty Hawk an der amerikanischen Ostküste der erste gesteuerte Motorflug der Welt gelungen. Im Spätsommer 1909 kam Orville nach Tempelhof, um hier in Berlin in einer zweiwöchigen Flugschau seine Künste zu zeigen – und den deutschen Markt für die Flugzeuge der Gebrüder Wright zu erschließen.

Orville Wright's Aeroplan
im Fluge auf dem Tempelhofer Feld

Freihändig durch die Lüfte. »Mag sein, dass er mit seinem Eindecker in Anbetracht von dessen geringerer Stabilität die Wendungen nicht so scharf nimmt wie Orville Wright mit seinem stabileren Zweidecker, aber anmutiger sieht sein Dahinfliegen aus als das des Amerikaners. Man hat immer den Eindruck eines Riesenvogels, der in den Lüften sein frohes Spiel treibt. Wie sehr Latham seinen Apparat und dessen Führung beherrscht, das zeigt sich, als er in einer Höhe von etwa 40 Mtrn. das Fernglas zur Hand nimmt und zu den Tribünen hinüberäugt. Einige Male gibt er die Steuerung ganz frei. So währt dieses Spiel in den Lüften eine volle Stunde und drei Minuten. Der Beifall des Publikums kennt keine Grenzen, als Latham in eleganter Wendung sanft am Boden landet und seine Maschine über den Boden hüpfen lässt; die begeisterte Menge durchbricht die schwache Schutzmannskette, die vergeblich hoch zu Ross einen Wettlauf mit den dahinstürmenden Beifallslustigen übernimmt.«

Vossische Zeitung, 25. September 1909

Nur wenige Tage nachdem die Berliner Orville Wright bejubelt hatten, stieg am 23. September 1909 der Franzose Hubert Latham mit seinem Eindecker in die Lüfte. Während seiner Flüge über Tempelhof brach er zwar keine Rekorde, vollbrachte aber am 27. September den ersten deutschen Überlandflug, als er nach einer Platzrunde abdrehte und 14 Minuten später in Johannisthal landete. Auf dem zehn Kilometer entfernten Flugplatz im Südosten Berlins begann an diesem Tag ebenfalls eine Flugwoche, wo Lathams »Antoinette« mit dem 50-PS-Achtzylindermotor ohne mühsame Demontage, Transport und Montage gleich wieder an den Start gehen konnte.

LATHAM-FLÜGE
ERLIN, Tempelhofer Feld
September 1909
Der Flieger unmittelbar nach dem Abflug

Schatten für den Kaiser. »Einsam ragte linker Hand eine große Pappel, vor der der Kaiser mit seinem Gefolge die Paraden der Garde abzunehmen pflegte. Daneben stand noch eine kleinere für den Kronprinzen. Das Feld war der traditionelle Übungsplatz der Berliner Garnison, und wer erinnert sich noch an die täglichen Ausmärsche, meist kompanieweise, mit Trommlern und Querpfeifern, wer weiß noch von Frühjahrs- und Herbstparaden. ... Von früh um 6 Uhr an marschierten die Truppen in Paradeuniform mit Helmbüschen (die Grenadiere trugen weiße, die Füsiliere schwarze und die Musiker rote) unter klingendem Spiel auf. Dicht gedrängt standen die Menschen. ... Der Höhepunkt war, wenn das Regiment ›Garde du Corps‹, in dessen Kasernen in der Friesenstraße sich heute das Polizeipräsidium befindet, mit goldenen Küraß angetan, den goldenen Adler auf den blitzenden Helmen, voran das Trompetercorps mit seinem Kesselpauker an der Spitze, angeritten kam.«

Günter Troplowitz, in: Der Tempelhofer, 14. Juni 1952

Die »Paradepappel«, in deren Schatten die Kaiser einst den Vorbeimarsch ihrer Soldaten verfolgten, stand etwa 200 Meter östlich des Tempelhofer Damms, nahe der Paradestraße. Sie wurde erst in den Dreißigerjahren gefällt.

Links: Postkarte, um 1900. Ein Höhepunkt für die Berliner waren die nach der Reichsgründung 1871 auf dem »Exercierplatz der Berliner Garnison« regelmäßig stattfindenden Paraden der kaiserlichen Truppen. 1914 jubelten Bewohner der Reichshauptstadt zum letzten Mal den paradierenden Soldaten zu – bevor diese in den Krieg zogen.

Parade auf dem Tempelhofer Feld, wahrscheinlich 1913, zum 25. Regierungsjubiläum Kaiser Wilhelms II.

Fast 200 Jahre diente das Tempelhofer Feld als Truppenübungsgelände und Paradeplatz, 1722 nahm der »Soldatenkönig« Friedrich Wilhelm I. hier erstmals die Revue seiner Berliner Garnisonen ab. 1760 kam es an dieser Stelle während des Schlesischen Krieges zu einem großen Gefecht, als die Russen vor Preußens Hauptstadt standen. Etwa ein halbes Jahrhundert später, nach der 1806 für Preußen so desaströs ausgegangenen Schlacht bei Jena und Auerstädt, schlugen die Truppen Napoleons in Tempelhof ihr Lager auf.

Nachdem 1826/27 der preußische Staat den Tempelhofer Bauern endgültig alles Land abgekauft hatte – bis dato erhielten sie für ihre durch das Militär immer wieder zerstörten Felder jährlich Entschädigungen – entstanden im Laufe des 19. Jahrhunderts vor allem westlich und nördlich des Geländes auch zahlreiche Kasernenbauten.

145.

Die Beisetzung der Revolutionsopfer. »Gegen 11 Uhr vormittags ist das Tempelhofer Feld von einer nach Zehntausenden zählenden Menge gefüllt, regellos verstreut die roten Banner, Fahnen und Schilder der Internationale. In der zur Stadt abgewandten Ecke des weiten Feldes, gegenüber den Häusern des neuen Tempelhof, erhebt sich rasch aufgerichtet, glutrot in das Grau erdwärts sickernder Nebel viereckig und jeden Schmuck verschmähend, ein kurzer Turm, schwarz umrandet von einer schmalen Rampe, auf der, zwischen den kranzbedeckten Särgen, die Angehörigen der Toten sich fröstelnd drängen. ... Anschließend setzt sich der Trauerzug in Bewegung, ein und eine halbe Stunde dauert es, bis der Zug vorübergleitet. Er bewegte sich in guter Ordnung durch die Belle-Alliance, Königgrätzer, Budapester Straße, das Brandenburger Tor nach Unter den Linden. ... Auf dem kleinen Friedhof der Märzgefallenen im Friedrichshain ward ein Massengrab ausgehoben.«

Vossische Zeitung, 21. November 1918

Links: Elf Tage nach der Revolution vom 9. November 1918 fand auf dem Tempelhofer Feld die Trauerfeier für die während der Kämpfe in Berlins Innenstadt Gefallenen statt. Zu den Tausenden, die sich in Tempelhof versammelt hatten, sprachen Hermann Molkenbuhr und Paul Hirsch von der SPD sowie Hugo Haase und Kurt Rosenfeld von der USPD. Bei der anschließenden Beisetzung auf dem Friedhof der Märzgefallenen im Friedrichshain ergriff Karl Liebknecht das Wort.

Am 5. Februar 1919 wurde in Berlin der erste regelmäßige Postflugverkehr eröffnet. Man flog von Johannisthal nach Weimar, wo nach den Wahlen vom 19. Januar 1919 – den ersten nach dem Ende des deutschen Kaiserreichs – die Nationalversammlung zusammentrat. Mit der Etablierung von Junkers und Aero Lloyd in Tempelhof wechselte der Flugverkehr jedoch hierher nach Tempelhof.

Junkers
D5
Priteg
Telefon-Anlagen
Kauf
Miete
Berliner Privat-Telefon-
Reichspost
6523

1923–1932

Der Zentralflughafen Tempelhof wird zum Luftkreuz Europas

Links: Das erste »Bauwerk« auf dem Flughafen Tempelhof. Nach dem Ende des Ersten Weltkrieges gab es auf dem Tempelhofer Feld zunächst keine Flugzeuge mehr zu sehen: Im Versailler Vertrag wurde Deutschland der Neubau von Flugzeugen verboten, Militärmaschinen mussten den Siegermächten abgeliefert oder vernichtet werden. Der Magistrat plante nun die Errichtung eines großen Messegeländes auf dem Tempelhofer Feld, um Berlin noch attraktiver zu machen. Als jedoch 1922 das Bauverbot für Flugzeuge durch einschränkende »Begriffsbestimmungen« ersetzt wurde, sah Stadtbaurat Leonhard Adler eine neue Chance. Der Verkehrsdezernent glaubte an die Zukunft des zivilen Flugverkehrs und konnte schließlich seine Magistratskollegen von der Notwendigkeit eines Flugplatzes für die Metropole Berlin überzeugen. Am 8. Oktober 1923 erteilte das zuständige Verkehrsministerium dafür die Konzession.

Hangar der Junkerswerke auf dem neuen Flughafen Tempelhof. Junkers-Luftverkehr und Aero Lloyd unter der Führung der DLR (Deutsche Luftreederei) waren die beiden Luftverkehrsgesellschaften, die 1923 in Tempelhof Quartier bezogen. Am Nordrand des Tempelhofer Feldes planierten sie die notwendige Fläche, stellten zwei Holzhallen auf und errichteten ein Stationsgebäude, ebenfalls aus Holz. Beide Gesellschaften hatten mit einem planmäßigen Linienverkehr bereits zuvor von Staaken und von Johannisthal aus begonnen. Im Eröffnungsjahr verzeichnet Tempelhof 100 Starts und Landungen, 150 Passagiere und ein Frachtaufkommen von 1300 Kilogramm.

Junkers-Werke Abteilung Luftverkehr Berlin.

Regeln für Flugpassagiere

1. Niemals die Schrauben berühren, in angemessener Entfernung bleiben.
2. Nicht den Kopf oder Arm plötzlich über Bord strecken, man könnte durch den Luftdruck überrascht und verletzt werden. Auf alle Fälle verliert man durch eine solche Handlungsweise die Kopfbedeckung.
3. Bei der Abreise nicht mit Hut, Shawl oder Mütze über Bord winken, denn sie könnten durch den Luftdruck entrissen werden und Schaden an den Maschinen anrichten.
4. Keine Gegenstände über Bord werfen. Aus ein paar hundert Metern Höhe erhalten sie die Geschwindigkeit einer Gewehrkugel und sind daher gefährlich für Menschen auf der Erde.
5. Reist man mit einer offenen Maschine, dann nehme man eine gute Schutzbrille mit und setze eine Leder- oder Seidenmütze auf, um die Frisur zu schützen.
6. Es empfiehlt sich, beim Aufsteigen und Landen fortwährend zu schlucken und Alkoholgenuss ein paar Stunden vor dem Flug zu vermeiden.
7. Hochflieger sollten vorher Wasser abschlagen und keine Speisen wie Erbsen, Bohnen oder Schwarzbrot zu sich nehmen, die zu übermäßiger Gasbildung in den Därmen führen.
8. Man erzähle jedermann von den Erfahrungen des Fluges.

Herausgegeben von der KLM, Anfang Zwanzigerjahre

Links: Das Radiohaus war ebenfalls Domizil der Luftüberwachungspolizei, die sowohl für die Passkontrolle als auch für die Flugleitung zuständig war.

Das sogenannte Radiohaus, eine Station für den drahtlosen Funkverkehr. Neben den Sende- und Empfangsanlagen befanden sich hier auch der Wetterdienst und die Telefonzentrale. Die Sirene auf dem Turm wurde in Betrieb gesetzt, wenn sich ein Flugzeug auf Sicht- und Hörweite genähert hatte, um die bevorstehende Landung anzuzeigen. Ein unterirdischer Ofen im Rollfeld zeigte mit seinem Rauch, der durch eine Öffnung nach oben zog, den Fliegern die Windrichtung an. Damals mussten sie immer gegen den Wind starten und landen. An einem Mast vor dem Radiohaus wurde bei schlechtem Wetter ein Korbball hochgezogen. Er signalisierte, dass Flugverbot herrschte.

Mit dem weiteren Ausbau des Flughafens war schon im Jahr nach seiner Eröffnung begonnen worden. Er lag in den Händen der am 19. Mai 1924 gegründeten Berliner Flughafengesellschaft.

HEINKEL
HEINKEL
LAND-UND SEEFLUGZEUGE
HEINKEL
LAND-UND SEEFLUGZEUGE
LLOYD BREMEN
Zum Start

B.Z.-Preis der Lüfte im Deutschen Rundflug. »Der vom Deutschen Aero-Club veranstaltete Wettbewerb um den B.Z.-Preis der Lüfte, der am Pfingstsonntag morgens 4 Uhr im Flughafen Tempelhof-Berlin beginnt, wird wesentlich unter folgenden Bedingungen ausgetragen:
Zugelassen sind Motor-Landflugzeuge mit nicht mehr als 80 PS, die in Deutschland hergestellt sind und in zwei Klassen eingeteilt werden:

A. bis zu 40 PS einschließlich
B. bis zu 80 PS einschließlich

Die Bewerber müssen deutsche Reichsangehörige und Besitzer der gemeldeten Flugzeuge sein. Die Führer der Flugzeuge müssen der deutschen Kulturgemeinschaft angehören.

Der Wettbewerb dauert zehn Tage und kommt zum Austrag durch fünf Schleifenflüge in Deutschland, die alle ihren Ausgangspunkt in Berlin haben. In Zwangsetappenorten muss gelandet oder mindestens 10 Minuten Aufenthalt genommen werden. Die Flugstrecken der fünf Flugtage betragen täglich je 1000–1200 Kilometer.«

Vossische Zeitung, 29. Mai 1925

Links: Ballonhüpfer, die mit dem Ballon an einer langen Leine große Sprünge machten, gehörten zu den Attraktionen der Flugveranstaltungen in Tempelhof. Diese fanden meist an Sonntagen statt, wenn der kommerzielle Flugverkehr ruhte. Die Sportflieger, die mit ihren Maschinen waghalsige Kunststücke wie Loopings und Ähnliches vorführten, hofften auf zahlreiches Publikum. Von den Einnahmen hing auch ihr Honorar ab. Zu einem besonderen Ereignis wurde der Deutsche Rundflug vom 31. Mai bis 9. Juni 1925 durch die von der B.Z. dafür ausgesetzten hohen Preise. Nach dem Start in Tempelhof ging es über eine Distanz von 5300 Kilometern quer durch Deutschland.

Auf den Veranstaltungen der Sportflieger stellten Konstrukteure gern auch ihre neuen Maschinen der Öffentlichkeit vor. Der Spanier Juan de la Cierva beschäftigte sich seit Beginn der Zwanzigerjahre mit der Entwicklung eines Tragschraubers, womit er wichtige Vorarbeiten für die des Hubschraubers leistete. Mit seinem »Autogiro C.6D« kreiste Ernst Udet am 5. September 1926 über das Tempelhofer Feld.

Cierva
Autogiro

Luftverkehr bringt Völker näher. »Gestern früh ist vom Flughafen Tempelhof das erste Flugzeug aufgestiegen, das den regelmäßigen Luftverkehr zwischen der Hauptstadt des Deutschen Reiches und Paris eröffnet. Gleichzeitig hat ein französisches Flugzeug den Flugplatz Le Bourget verlassen, das über Essen und Köln gestern Nachmittag Berlin erreichte. Der Luftweg ermöglicht es, die Entfernung zwischen beiden Städten in acht Stunden zurückzulegen.

Es hat Jahre erfordert, bis es jetzt endlich gelungen ist, die Berge von Hindernissen hinwegzuräumen, die zwischen den beiden Städten und den beiden Ländern aufgetürmt wurden. Die Tatsache aber, daß heute die beschwingten Maschinen über die natürlichen Grenzen und die künstlichen Hemmungen hinweg den Weg finden, ist eine Ermutigung für alle, die auf den guten Geist der Menschen vertrauen, der sich, trotz aller politischen, wirtschaftlichen und moralischen Hindernisse durchsetzt.«

Vossische Zeitung, 27. Mai 1926

Links: Am 6. Januar 1926 schlossen sich die beiden Luftverkehrsgesellschaften Junkers Luftverkehr und Aero Lloyd zur Deutschen Luft Hansa AG zusammen. Von der Reichsregierung wurde sie mit der »Wahrnehmung aller die Entwicklung des zivilen Luftverkehrs fördernden Aufgaben« betraut. Der aufsteigende Kranich in den Junkers-Farben Blau/Gelb diente schon der 1917 gegründeten Deutschen Luftreederei als Symbol, auch den Namen, den man bis 1934 in zwei Worten schrieb, hatte bereits der Werbeleiter der DLR verwendet.

Der Flughafen Tempelhof wurde zum Heimathafen der Luft Hansa, die bei ihrer Gründung über 165 Flugzeuge verfügte. Nach der Winterpause starteten am 6. April 1926 die ersten Maschinen, im Mai wurde dann auf allen 16 innerdeutschen Linien der Verkehr aufgenommen. Am 1. Mai ging auch die erste Nachtflugstrecke nach Königsberg in Betrieb.

Die 1924/25 nach Plänen der Architekten Paul Mahlberg und Heinrich Kosina errichteten Hallen dienten der Unterbringung und Wartung der Flugzeuge. Bis zum Bau eines Empfangsgebäudes erfolgte hier auch die Abfertigung der Passagiere, das Gepäck brachte man von hier aus mit Handkarren an die Maschinen.

D 560
Berlin-Tempelhof: Zentral-Flughafen.

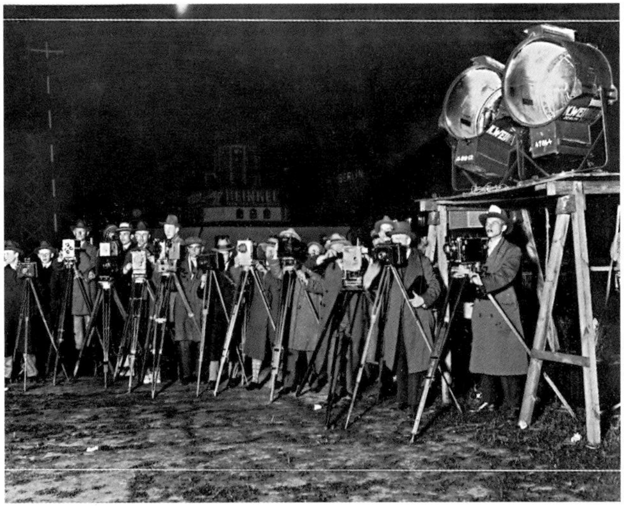

Chamberlins Begrüßung in Berlin. »Um ½6 Uhr war der weite Platz rings um die Verwaltungsgebäude so überfüllt, daß man kaum mehr treten konnte. Dann gab die Sirene vom Startturm des Flughafens das dreimalige Pfeifensignal, das verabredungsgemäß die Ankunft des Fliegers anzeigte. Gleich darauf sah man am Horizont nicht nur ein Flugzeug, sondern einen ganzen Schwarm von Flugzeugen auftauchen. Unten auf dem Flugplatz brach ein ungeheurer Begeisterungssturm los. Man sah tausend Hüte durch die Luft wirbeln, die Musik spielte und die Menschen schrien sich heiser, obwohl das Donnern der Motoren natürlich jede menschliche Stimme da oben übertönen musste. Chamberlin mit seiner Maschine umkreiste mindestens einmal den Flughafen. Wieder heulten die Sirenen das Landungssignal, und schon setzte sein Hochdecker leicht auf der Wiese auf und rollte zu dem Platz der Ehrengäste. Gleich danach erfolgte der vorhergesehene Durchbruch der Menschenmassen, im Nu war das Flugzeug hinter der Schutzmannkette umringt von einer riesigen Menschenmenge, die sich die Kehlen heiser schrie.«

Vossische Zeitung, 8. Juni 1927

Links: Fotografen auf dem Tempelhofer Flughafen erwarten die Ankunft des am 4. Juni 1927 in New York gestarteten Atlantikfliegers. Angekündigt war seine Landung für den Nachmittag des 6. Juni – doch vergebens warteten die Kameraleute bis in den späten Abend: Der Pilot hatte sich verflogen. Dass er erst am nächsten Tag aus Cottbus kommend in Berlin landete, tat der Begeisterung jedoch keinen Abbruch.

Nachdem dem Amerikaner Charles Lindbergh am 20/21. Mai 1927 im Alleinflug die Überquerung des Atlantiks gelungen war, brach unter den Flugbegeisterten weltweit eine Euphorie aus. Ebenso wie Lindbergh wurden von der Menge all jene Flieger begrüßt, denen vergleichbare Rekorde gelangen.

Der Amerikaner Clarence Chamberlin nach seiner Landung in Tempelhof. Gemeinsam mit Charles Levine überwand er in seiner »Columbia« erstmals die Strecke von New York nach Berlin. In Erinnerung an dieses Ereignis wurde 1929 die Prinz-August-von-Württemberg-Straße in Columbiastraße umbenannt; seit 1950 heißt sie Columbiadamm.

NEW YOR

Links: Noch im Gründungsjahr der Lufthansa begann die Berliner Flughafengesellschaft mit der Errichtung eines Hauptgebäudes nach den Plänen der Architekten Klaus und Paul Engler. Im ersten Bauabschnitt entstand 1926/27 das Abfertigungsgebäude. Die Fluggäste mussten nun nicht mehr in der zugigen Halle warten und konnten direkt am Haupteingang vorfahren, da inzwischen auch die neu gebaute Flughafenstraße in Betrieb genommen worden war.

Auf dem Stadtplan von 1930 ist die Lage des ersten Flughafens zu sehen. Direkt auf das Hauptgebäude mündete die Lilienthalstraße, die zwischen Volkspark und Garnisonfriedhof verlief. Die nördlich des Geländes neu errichtete Flughafenstraße, die eine Verbindung zum Tempelhofer Damm herstellte, verschwand dort wieder, nachdem in den Dreißigerjahren mit dem Bau des neuen Flughafens begonnen wurde. Wo sich heute das Halbrund des monumentalen Flughafengebäudes von Architekt Ernst Sagebiel erhebt, gab es bis in die Zwanzigerjahre noch einen Volkspark, Kleingärten und einen Sportplatz. Der U-Bahnhof Flughafen wurde bald darauf in Paradestraße umbenannt, der U-Bahnhof Kreuzberg in Flughafen (heute Platz der Luftbrücke). Die Sportanlagen auf der Neuköllner Seite existierten noch bis zur Erweiterung des Flughafengeländes Ende der Vierzigerjahre.

Vor dem Ersten Weltkrieg zog sich das Tempelhofer Feld auf der Westseite bis hin zur General-Pape-Straße. Dort standen einst auch die Kasernen und Hallen der Luftschifferabteilung.